Chansons
de l'Escalade

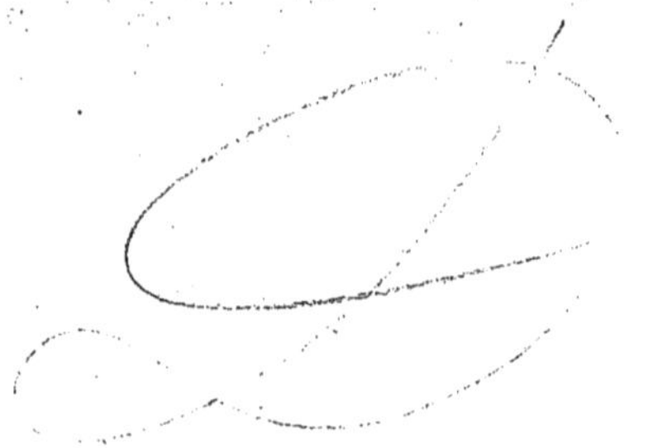

LES CHANSONS

DE L'ESCALADE

LES CHANSONS

DE

L'ESCALADE

Réimpression textuelle de l'édition de 1702

Avec une préface de M. Eugène Ritter

Professeur à la Faculté des Lettres de Genève

F. DUCLOZ, LIBRAIRE-ÉDITEUR

MOUTIERS-TARENTAISE

1903

PRÉFACE

Dès les premières semaines de 1603, les Genevois avaient composé plus d'une chanson, pour se réjouir d'avoir vaincu les soldats de Savoie, qui avaient escaladé les murs de Genève au mois de décembre précédent.

D'autres chansons ont vu le jour à l'occasion des fêtes qui chaque année, depuis trois siècles, se célèbrent à Genève le 12 décembre. Les Genevois à l'étranger fêtent aussi l'Escalade, et la fêtent en chansons. « Je voudrais de tout mon cœur pouvoir aller faire l'Escalade avec votre famille; l'hiver est une saison dans laquelle il m'est impossible de me déplacer », écrivait J. J. Rousseau à son ami Lenieps, en 1760; et Amiel à Berlin, en 1846, a composé une chanson d'Escalade pour un repas où se réunissaient avec lui d'autres étudiants genevois :

> Du bleu Léman nous séparent cent fleuves ;
> De l'Escalade, un long passé qui dort :
> Mais pour chanter son lac, ou nos épreuves,
> Du Genevois le cœur palpite encor !

De ces chansons d'Escalade, beaucoup sont restées manuscrites, heureusement. D'autres ont été imprimées, en feuilles volantes. On en a fait plus tard des recueils. Le premier en date est celui que M. Ducloz réimprime aujourd'hui. Ce livret est très rare : à l'heure qu'il est, on n'en connaît pas d'autre exemplaire que celui qui est conservé à la bibliothèque de l'Arsenal à Paris.

Il ne sera pas inutile de donner quelques renseignements sur les cinq chansons que renferme ce recueil.

1. SUS, QU'ON CHANTE, GENEVOIS ! D'après Senebier (1), cette chanson a été attribuée à Théodore de Bèze, à Simon Goulart ; mais l'auteur en serait Aimé de Chateauneuf, qui fut nommé, en 1603,

(1) *Histoire littéraire de Genève*, II, 177.

membre du Conseil des XXV, et plus tard syndic. Au dire de Chaponnière (1), c'est le ministre Mercier qui l'aurait composée. — Nous n'avons là qu'un cliquetis d'affirmations sans preuves.

Quoiqu'il en soit, aussitôt que cette chanson eut paru, un prêtre de Savoie, le curé Chevalier, y fit une réponse qui, de nos jours, a été réimprimée (2) deux fois :

> *Rebelles Genevoisans,*
> *Artisans,*
> *Vous voulez faire des princes....*

2. PEUPLE GENEVOIS, ÉLÈVE TA VOIX ! *Bayle, dans son* Dictionnaire historique et critique, *article Sainte-Aldegonde, parle de la chanson de l'Escalade, « que les Genevois entonnent le jour de l'anniversaire, comme un acte presque essentiel à cette cérémonie »; le commentateur ajoute que Théodore de Bèze en est*

---

(1) *Album de la Suisse romande*, année 1844, dans un article sur la chanson et les chansonniers à Genève, p. 180.

(2) Jules Vuy. *Une chanson sur l'Escalade*, Genève, 1882. — Louis Dufour-Vernes. *Un procès de presse en 1603, à propos d'une chanson savoyarde sur l'Escalade.* (*Bulletin de l'Institut genevois*, tome 32°). — Voir aussi : Ritter. *Le curé Chevalier.* (*Revue savoisienne*, année 1900).

l'auteur ; et Saint-Evremond, dans son Epître à madame Hervart, qui a été réimprimée il y a trois ans (1), mentionne aussi, en parlant du festin de l'Escalade, « la chanson de monsieur de Bèze ».

On voit qu'il y a une tradition pour attribuer au célèbre théologien une chanson d'Escalade, sans qu'on sache de laquelle il s'agit. Chaponnière est le seul à dire (dans l'article cité plus haut) que c'est la chanson : Peuple Genevois, élève ta voix !

3. La chanson de la vache a Colas. Sous le règne de Henri IV, une vache entra un jour par hasard, pendant le prêche, dans un temple protestant aux environs d'Orléans : grand émoi ; le culte en est troublé ; et les assistants, s'imaginant que ce sont les catholiques qui, par moquerie, ont fait entrer cette bête dans le temple, la tuent, et ensuite s'en partagent les morceaux.

----

(1) Ritter. *La chanson de l'Escalade en langage savoyard, publiée avec d'autres documents sur cette entreprise.* Genève, 1900, page 63 et suivantes.

Mais le propriétaire de la vache, un nommé Colas, voulant être dédommagé de la perte de sa bête, se plaignit au bailli d'Orléans ; et les protestants de cette ville furent condamnés à payer à Colas le prix de sa vache. Cette aventure fit rire toute la France, et donna lieu à mille plaisanteries ; les huguenots furent bafoués ; et LA VACHE A COLAS *fut dès lors un sobriquet dont on affubla l'Église protestante. Le Journal de Pierre de l'Estoile rapporte qu'au mois de septembre 1605, il fut défendu de chanter dans les rues de Paris « la chanson de Colas ».*

A cette chanson catholique, d'autres chansons répondirent. Celle que nous reproduisons d'après le recueil hollandais, est une des chansons que les huguenots composèrent alors (1). Elle est à peu près du même temps que les autres chansons du recueil ; elle est, comme elles, d'inspiration protestante ; et l'édi-

______

(1) Voir le *Bulletin de la Société d'histoire du protestantisme français*, tome VII, pages 91, 215, 364 ; tome VIII, page 7.

teur hollandais a cru que c'était assez pour qu'elle *fût jointe aux chansons genevoises de l'Escalade.*

4. LE POT AU LAIT DU DUC DE SAVOIE. *Ce morceau, quoiqu'il ait été plusieurs fois imprimé, n'a pas trouvé place dans la notice (2) où M. Henri Regnier a passé en revue les différentes formes que cet apologue, si souvent répété, a prises dans la suite des âges.*

5. CHANSON EN PATOIS SAVOYARD. *De toutes les chansons de l'Escalade, c'est la plus populaire à Genève. On l'a réimprimée douze ou quinze fois. Le texte donné par l'éditeur hollandais laisse beaucoup à désirer. Onze quatrains ont été laissés de côté; tel couplet a été remplacé par un autre; il y a des interversions dans la suite des quatrains et des vers; etc. Mais à côté de ces traces de négligence, trop visibles, il y a dans ce texte d'intéressantes et précieuses variantes : il méritait d'être reproduit.*

(2) *Œuvres de La Fontaine,* édition des *Grands écrivains de la France,* tome second, pages 145 et suivantes. 495 et suivantes.

Et dans son entier, le recueil presque introuvable de 1702 était digne d'être remis au jour. A vrai dire, les plus jolies chansons d'Escalade n'y sont pas : celle de d'Aubigné, par exemple :

> Quittez vos couches emplumées.
> Au point de l'aube, Genevois !...

ou celle qu'un savoyard composait justement en 1702, et qui, deux cents ans après, est encore de saison :

> Genevois, y è preu santa
> La sanson de l'Escalada. ..
> Quan sant an furon passa,
> Y étai preu pè no prescrire. .
> No ne sin pas tan méchan
> Queman vo le fade antandre....
> Sevegni, sevegni, sevegni-vo
> Que vos y biu avoi no.

Eugène RITTER.

Genève, avril 1903.

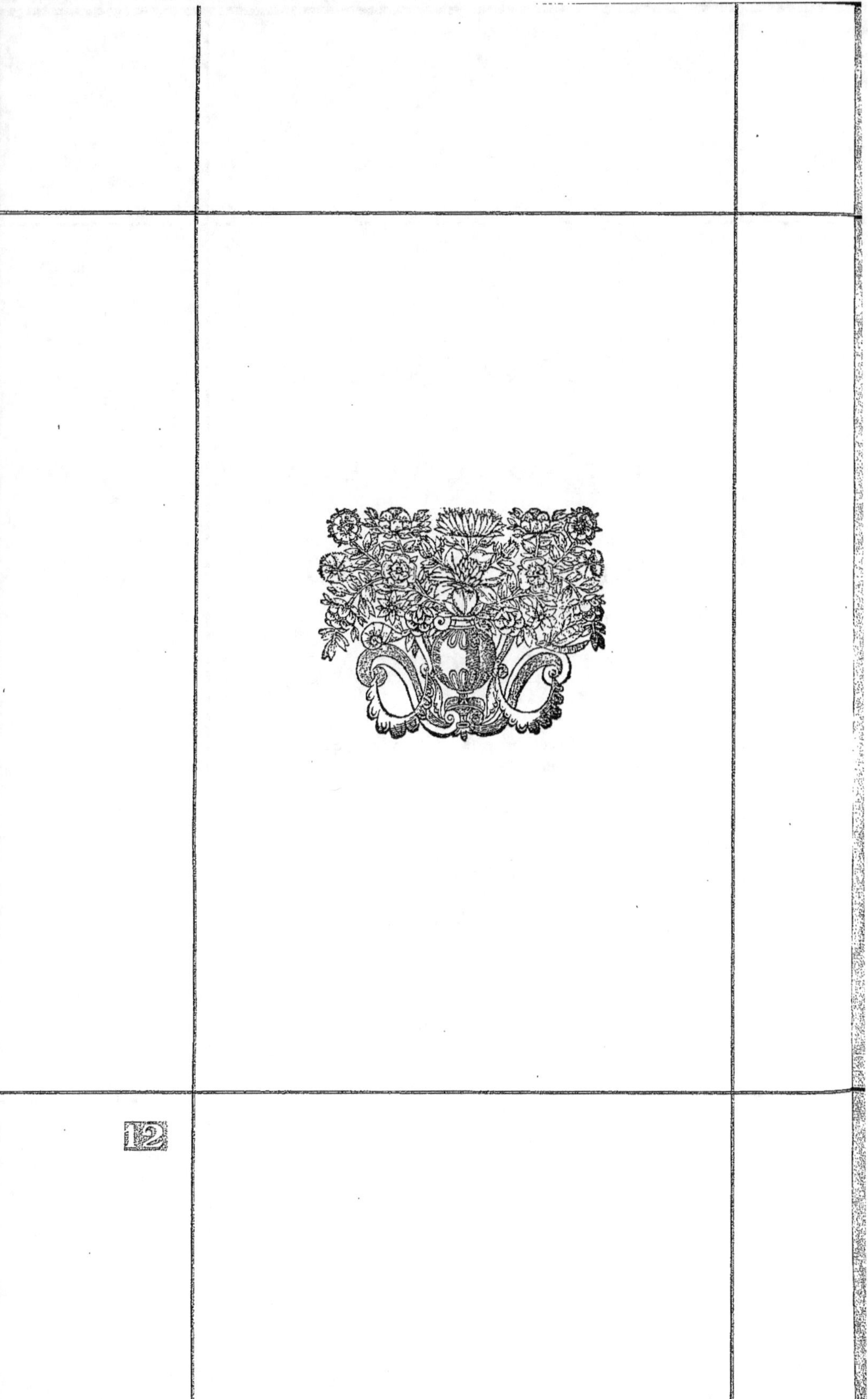

LES

CHANSONS

DE

L'ESCALADE,

FAITE

PAR LE SAVOYARD

contre les Murs de la

VILLE DE GENEVE,

Dans la nuit du Samedi 12. au Dimanche 13. de Décembre, selon le vieux Stile, de l'an 1602.

Avec Figures.

A AMSTERDAM,
Chez Nicolas Chevalier,
Marchand Libraire, fur le Rockin.

M. DCCII.

LES CHANSONS

DE

L'ESCALADE,

Faite par le Savoyard *contre les murs de la Ville de* Geneve, *la nuit du Samedi 12, au Dimanche 13, de Decembre,* v. ſt. *de l'an 1602.*

Sus qu'on chante Genevois
D'une voix
Cette belle délivance
De l'admirable ſupport
Du trés-fort
Nous ſauvant par ſa puiſſance.
Souvenons nous à jamais,
Déſormais
Qu'au douziéme de Decembre,
L'an mil ſixcents & deux
Nos haineux,
Faillirent à nous ſurprendre.
Ce fut aprés la minuit
Que ſans bruit

A   IIs

Ils drefferent trois echelles,
Deux cents étoyent ja paffez
Nos foffez,
Sans qu'on en fçut les nouvelles
Apres qu'ils furent dedans
Les fendans
Vinrent droit au corps de garde
Choquant de tout leur pouvoir,
Sous efpoir
Que tôt la porte on petarde,
Quel'un des nôtres s'enfuit
On le fuit,
Soudain l'alarme l'on fonne,
On s'arme, on vient au combat
On fe bat,
Dieu la victoire nous donne
Ils avoyent tous conjuré,
Et juré,
De n'efpargner créature,
Et vouloyent jetter des morts
Tous les corps
Au Rône pour fépulture.
Sonas venoit en couroux,
Deffus nous
Vanger la mort de fon Pere,
Mais en un deffein fi fol,
Un licol,
Luy arrêta fa colére
Helas ! qu'il t'ut efté bon,
Chaffardon
De fuivre ta Venerie.

Plûtot

Plûtot que par le cordeau
D'un bourreau
Mourir en ignominie
Mourir devoit en Soldat
D'Attignat,
Et non lachement te rendre,
Car qui tel cas entreprend,
Et fe rend,
Ne merite que le pendre.
Brunaulieu l'entrepreneur,
Son honneur
Y perdit avec la vie,
Amenant fur nos remparts,
Ses Soldats
Pour mettre à la boucherie
Tu payas auffi Picot,
Ton écot
Voulant petarder la porte,
Et faloit que trop hardy,
Eftourdi,
Tu mouruffes de la forte.
Si le cœur ne t'eut failli,
D'Albigny,
Tu vinffes à l'efcalade
Mais auffi ce qu'entreprens
Dés long temps,
Reüffit tout en cacade.
Ce n'eft acte de Soldat,
D'un petard,
Venir forcer un étable,
Vous avez en un deffein,

A 3   Si

Si hautain
Fait acte peu memorable.
Vous vous montrez trop vaillans
Affaillans
Pour ne faire rien qui vaille,
La plus part de vos Soldats,
Son fuyars
En reffautant nos murailles
La Jeuneffe grand guerrier,
Le premier
A fe fauver fut habile,
Le Chevalier Dandelot,
Suivit tot
Le Baron de Vatteville.
Vous eftiez vous amufez
Abufez
A ce vipere Alexandre
Qui promettoit Paradis,
Aux hardis
Qui se venoyent faire pandre,
N'y venez plus Savoyards,
Aux hazards,
Afpirans à vos conquêtes,
Vous nous laiffez pour butin,
D'un matin,
Soixante fept de vos têtes
Vous vous preparez toûjours
Pour recours,
Faire nouvelle entreprife,
En machinant de plus fort,
Quelque éfort,

Contre

Contre Dieu & ſon Egliſe.
  Mais le Grand Dieu Souverain
    Dans ſa main,
Pour les ſiens tient la victoire,
  Et fait toujours ſes Enfans,
    Triomphans,
A luy ſeul en ſoit la gloire,

  A M E N .

A 4   CAN-

CANTIQUE

Sur la Délivrance

DE

L'ESCALADE,

Donnée par les Savoyards *à la Ville
de* Geneve, *le* 12. *Décembre* 1602.
Fait le troiſiéme jour aprés. Sur
le chant, *Séché de douleur*, &c.

1.

P Euple Genevois,
Eléve ta voix
Pour pſalmodier,
De Dieu l'aſſiſtance,
Et la Délivrance
Que vis avanthier.

2.

3

2. Lors que Dieu frapa,
   Et qu'il diffipa
   Les Confeils divers
   De cette grande Brigue
   Qu'avoit fait la Ligue,
   Et tous ces pervers.

3. Rompant le deffein
   Trop fier & hautain
   De ce Savoyard,
   Qui plein de bravade,
   Donna l'efcalade,
   Pofant le Petard.

4. Qui fit le pertuis
   Au milieu de l'huis
   De cette Maifon,
   Où vouloient d'entrée
   Pour cette Contrée
   Mettre Garnifon.

5. Furieux, entrans
   Jufques à deux cens
   Par deffus le Mur,
   Crians, Vive Efpagne,
   Que la Porte on gagne
   Sans aucune peur.

6. Mais le Dieu d'enhaut,
   Qui jamais ne faut,
   Point ne fommeilloit,
   Ouvrit fa main forte,
   Et ferma la porte,
   Montrant qu'il veilloit

A 5

7. Pour

7. Pour vous, mes Amis,
   Qu'eftiez endormis
   Depuis foixante ans,
   Dedans la pareffe
   Qui ores vous preffe
   D'être vigilans.

8. L'épée à la main
   Le Dieu Souverain
       Pour vôtre bonheur,
   De cette vermine
   Glaça la poitrine,
   Lui oftant le cœur.

9. Tous ces inhumains
   Il mit en vos mains,
       Pour vous faire voir,
   Que cette gent forte
   Qu'aviez à la porte
       N'avoit nul pouvoir.

10. Et vous renforçans
    Contre ces méchans,
        Vous enhardit tous,
    Afin que fa gloire
    Fût à tous notoire
     Et loüe de vous.

11. Vous, Miniftres Saints,
    Qui êtes atteints
        Du zêle de Dieu,
    Montrez vôtre zêle
    Au Peuple fidele
    Qui eft dans ce lieu.

12.   Et

12. Et vous les premiers,
Ouvrez·vos Greniers
Pleins de Charité
Au temps où nous fommes
Et vous montrez hommes
Pleins de pieté.

13. Et vous, Souverains,
Qu'avez en vos mains
Les Septres Royaux,
Exercez Juſtice,
Puniſſez le vice,
Et les déloyaux.

14. Et toi, Peuple auſſi,
Crie à Dieu merci
De tant de pechez,
Dont tu le provoques
Et de lui te moques,
Les tenans cachez.

15. Vous, tous Reneviers,
Paillards, Uſuriers,
Larrons & Pilleurs,
Gens pleins de malice,
Rejettez le vice,
Devenez meilleurs.

16. Avares Marchands,
Qu'allez recherchans
Par tout l'Univers
Un gain ſans meſure,
Quittez vôtre uſure,
Ecoutez ces Vers.

A   6   17. Qui

17. Qui chantent à tous,
Comme Dieu trés-doux
  Vous a supportez
Jusques à cette heure,
Afin qu'on s'assure
  A ses grand's bontez.

18. Vous ayant fait voir
Quel est son pouvoir
  Si vous l'offensez,
Qu'il n'y a muraille
Qui contre luy vaille.
  Rempars ni fossez.

19. Mais si du Seigneur,
Vous prisez l'honneur
  A lui seul servant.
Il fera merveilles
Du tout nompareilles
  En vous conservant.

20. Sus donc, venez tous,
Et à deux genous
  Loüons nostre Dieu,
Le prians qu'il vienne
Et qu'il se maintienne
  De nous au milieu.

21. Qu'il soit nôtre Fort
Contre tout effort
  De nos Ennemis,
Et qu'il les abatte,
Et pour nous combate
  Nous tenans unis.
       FIN.   L

LE LEGAT

DE LA VACHE
A COLAS SEDEGE

O Pape & Cardinaux,
  Archevêques & Evêques,
Montez ſur vos chevaux ;
Et vous Caphars avecques,
Mettez les pieds à terre,
Pour chanter *Libera*,
Sur le Tombeau funebre
De la Vache à Colas.

   2. Car en ſon Teſtament,
Elle a eu ſouvenance,
Pour ſon Enterrement
De faire une Ordonnance,
Que ſuivant Saint Gregoire,
L'on chantera tout bas,
Afin qu'en Purgatoire
Son ame n'aille pas.

A 7   3. Tou-

3. Toutefois elle croit
Que le Pape de Rome
Du mal qu'elle avoit fait,
A Colas le bon homme,
Remiſſion plêniére
Lui donne à ſon treſpas,
Comme très-clement Pere
· De la Vache à Colas.

4. Nonobſtant pour montrer
Sans aucune feintiſe.
Qu'on ne peut rencontrer
En la Romaine Egliſe
Bête d'un grand zéle,
En ſe voyant au bas,
Qu'on prie, ce dit-elle,
Pour la Vache à Colas.

5. Pour ſolemnellement
Faire mes Funerailles,
Je laiſſe entierement
Mes Boudins & Tripailles
Au Clergé de la France
Dont on fait ſi grand cas,
Pour avoir ſouvenance
De la Vache à Colas.

6. Puis je veux d'autrepar
Que vous les Jeſuites,
En ayez vôtre part :
Et vous Eſpagnolites,

Je

Je vous prie & reprie,
De ne r'allumer pas
Le feu dans la Patrie
De la Vache à Colas.

7. Pour garnir le Moutier,
Ma tefte je libere
Pour faire un Benêtier,
Inftrument de Vicaire.
En prenant l'Eau benite,
Quelqu'un dira tout bas
Une Meffe petite
Pour la Vache à Colas.

8. Cureurs de vos Sujets,
Et toute la Prêtraille,
Pour faire un Afpergés
Ma Queuë je vous baille,
Mes Tetins aux Nonnettes
Mignonnes de Prélats,
Je quitte, faisant fêtes
Pour la Vache à Colas.

9. Aux Capucins crôttez
Mes Oreilles prefente
Pour mettre aux deux cotez
De leurs têtes ignorantes :
Aux Cordeliers j'ordonne,
Ne les oubliant pas,
Que la Corde on leur donne
De la Vache à Colas.

10. Vous

4

10. Vous de Jaques Clement
L'engeance Jacopine,
Qui tuë méchamment
Le Primat qui domine :
C'eſt pour vous mes Cervelles,
Venez tous en un tas,
Volans comme Yrondelles
Vers la Vache à Colas.

11. Carmes & Auguſtins,
Sus que ma peau on happe,
Pour faire des Patins
Et Pantoufles au Pape
Chanoines en voſtr'office
Mettés en fur vos bras,
Pour aller au ſervice
De la Vache à Colas.

12. Chartreux, croque poiſſons
Çà que l'on vous partage,
Son laiĉt nous vous donnons,
Son beurre, ſon fromage :
Gardés vos rouges mines,
Et vous n'oublierés pas,
De chanter les matines
Pour la Vache à Colas.

13. Au Pape de Houdan,
Au Seigneur maiſtre Gilles.
Qui barbotte en ſes dents,
Debridant ſes Vigiles,

Que

Que mon ventre lui vienne,
Pour ſes goulus repas,
Afin qu'il ſe ſouvienne
De la Vache à Colas.

14. Pelerins haraſſez,
Qui trottez à grand'erre,
Cherchez comme inſenſez
Vôtre Salut en terre :
Quittez cette miſere,
Sans courir haut & bas,
Et les pieds venez querre
De la Vache à Colas.

15. Hermites mandians
Et vos vieilles Bigottes,
Je vous lêgue mes dents,
Enfilez les Devottes.
Si que vous & les vôtres,
Cheminez pas à pas,
Barbottans pate-nôtres
Pour la Vache à Colas.

16. A toy pere Coton,
Je te donne ma langue,
Pour aller vers Pluton
Achever ta Harangue
Mes yeux je commande,
A tous ces Moines gras,
S'ils liſent la Legende
De la Vache à Colas.

17. Je

17. Je ne veux oublier
Ce Claude le bon homme
Luy donnant tout entier
Mon gros cœur tout en fomme,
Et fi veux & ordonne
Pour fon très grand foulas,
Qu'il f'en vienne en perfonne
Vers la Vache à Colas.

18. A tous les Paroiffiens
Tous mes os je délivre
Pour les ronger en chiens,
Afin qu'ils puiffent vivre :
Les faifant pate-nôtres
Les enfilant à tas,
Pour bailler aux Bigottes,
De la Vache à Colas.

19. A vous en general
Au Clergé je protefte,
Puis qu'avez le fignal
Et marque de la Bête,
Mes cornes je vous laiffe,
Puis que je meurs, helas ;
Pourvû que l'on chante Meffe
Pour la Vache à Colas.

20. Pour la collation,
La pauvre bête noire
S'eft mife à l'abandon
Aux fujets de Gregoire

     N'ayant

N'ayant plus rien de refte,
Ils n'oublieront pas
De celebrer la fête,
De la Vache à Colas.

21.   Je veux que les enfans
Et ceux de la racaille,
Aillent toûjours difant
A la Huguenotaille,
Ayez toûjours memoire,
Et ne l'oubliez pas,
De cette Vache noire
Qui fut bête à Colas.

POT

P. 19

POT AU LAIT

DU DUC

DE SAVOIE

UN jeune galand Vilageois
    Portoit au marché du lait vendre
Allant, il comptoit fur fes doigts,
Quel profit il y pourroit prendre..
    J'ai, difoit-il, baillé contant
Trois fols de ce lait, je m'affeure.
En retirer deux fois autant
Avant qu'il soit paffé une heure,
    De fix fols, j'auray foudain
Une geline à fraîche crête,
Qui pondra des œufs pour certain
Et à les couver fera prête.
D'icelle éclorront dix pouffins.
Qui chaponner pour la mangeaille

Me

Me feront plus de vingt florins,
Qu'employer veux en brebiaille.
  Ses brebis feront des agneaux
Je vendrai promptement la laine,
Et d'iceux quand ils feront beaux
Verray foudain ma bourfe pleine.
  J'acheteray un beau cheval,
Car des piétons on n'en tient conte,
Me voyant fur cet animal,
On penfera que je fois Comte.
  Je feray mon cheval fauter,
Courir, tourner en telle forte :
Mais alors fon pot va tomber
Et je verfe le lait qu'il potre.
  Tout dépité, tout efperdu,
Il retourne vers le Village,
Ayant argent & lait perdu,
Et par ce moyen fon courage.
  Comme ce Vilageois penfoit :
Ainfi fit le Duc de Savoye,
Quand les Alpes il traverfoit
Penfant Geneve mettre en proye.
  Geneve, difoit-il, j'auray,
Où mourra toute ame vivante,
Et force argent je tireray
Des Maifons qu'y mettray en vente.
  J'yrai ainfi qu'un tourbillon
Jafqu'à la Morate Chapelle,
Et vangerai le Bourguignon
Qui foûtenoit nôtre querelle.

Plu

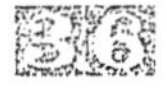

Plufieurs Amis m'epauleront
En une fi belle entreprife,
Car les Jefuites croiront
Et diront que c'eft pour l'Eglife.

   Nous abolirons les Bernois,
Nous fçavons qu'elle eft leur puiffance :
Neufchâtel chargé des Contois,
Ne pourra faire refiftance.

   Zurich & Schafoufe oppreffez,
Ne pourront pas fecourir Bâle :
Les Grifons étans divifez,
Seront par nous trouffez en mâle.

   Aprés je tournerai le front,
Contre la défirée France
En dépit d'Henry de Bourbon,
Qui m'a fait tant de déplaifance :

   Je pratiquerai fes Sujets,
J'attirerai cette perfonne,
Qui feule empêche mes projets,
Et qui retarde ma Couronne.

   N'étant plus par lui empêchê.
Je faifirai ce beau Royaume
Tout Chef en pale fera fiché,
Qui pour moy ne prendra heaume

   Les Allemans feront contrains,
Pour fauver l'Empire de Friche,
M'élire pour Roi des Romains,
Car je vaux mieux que nul d'Autriche.

   L'Italie m'obéyra
Je mettrai le Pape en campagne,

Tan-

Tandis je ſçai que m'écherra
Le bel héritage d'Eſpagne.

Mon nom ira juſqu'aux Indois,
Tous reconnoîtront ma puiſſance,
Et des corps de ces blons Anglois,
Comblerai le détroit de France.

Mais Geneve ayant repouſſé,
Ses Soldats & gardé la place.
Le Duc confus & courroucé,
Hâtivement les Mons repaſſe.

FIN.

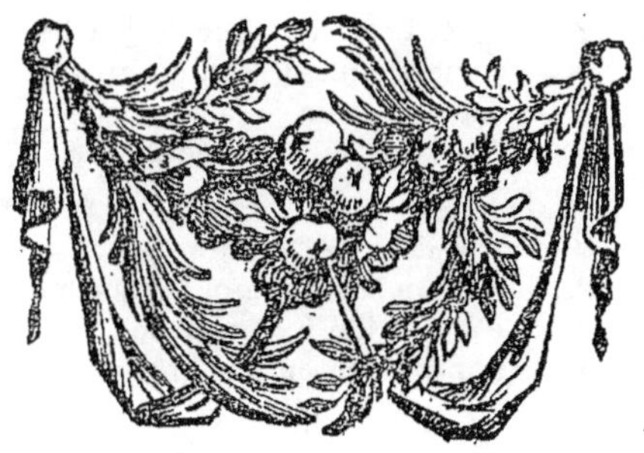

CHAN-

CHANSON
SAVOYARDE
SUR L'ESCALADE
DE GENEVE

I.

CE quét lenau le Métre de Batalie,
Qué se moque & se ri dé canalie,
A bin fait vi per on Desandoy nay
Qua l'étive Patron des Genevois.

II.

Y étive le doze de Désambro,
Per ouna nay asse naire que d'ancro,
Y étive l'an millé six san & dou
Y veniron per leu on pou troy tou.

III.

Pé rouna nay qu'étive la pé naire
Y son entra, y n'étay pa pay baire,
Y étive pé pelli voutre maison
Et vo tua san aucuna raison.

IV.

IV.

Petit & grand auffi fant feveniance,
Pé un matin d'ouna bella Demange,
Te pé un temp qui fafive bin fray,
San le bon Di vo alia étre pray.

V.

On vo dera io eftay lé Canalie,
Lou Savoyard contre noutre mouriallie
Trais efchelle ont dreffia & planta,
Paffa dou cent pariqué fon monta.

VI.

Eftant entra venion u Cour de Garda
Yau y firon ouna rodamontada,
Y l'avion tenallie & marté
Qu'étivon fait atot du bon acié :

VII.

Pais arraffi lou clou & le faralie,
To lou ferreu & tota la ferratalie
Qu'on rencontre en de pari andray
Qu'on ni boute pé n'étre pa furpray.

VIII.

On établou y l'avion forfia,
Yet don Petar qui l'avion teria,
Y coudavon za monta à chevau,
Y n'étion pa monta pi preu haut.

IX.

Son Alteffa defu Pinfa étive,
Yon d'antre leu s'encore pé li dire
Que le Petar avay fait fon éfour,
Qu'on alave fare entra to le Grou.

X.

X.

Y l'avion de le Lanterné fiorde
Et parlavon comment de lé Grenolie,
Y etive pé alla & veni
San con lou pouiffé jamais decrevi.

XI.

Picot veniai en grande hardieffe
Pé fare vi qui l'avay de l'adreffe,
Y volive la pourta petarda,
Yet tiqué yo y fut atrapa.

XII.

Et volive fare de tala fourta
Qui l'arion éfondra la pourta
Et l'arion met pé brelode & bocon,
Et poi farion entra defu le pon.

XIII.

Lou pon levi y l'arion baffia,
Arion outa to fan quaré enpaffia,
Pé fare entra l'Efcadron de Savoy
Vo lé verri bin tou en defaroi.

XIV.

Et fait fçapla quement de lés erbete,
Et enfela quement de zaluette,
Et fut creva quement on fier crapo,
Et poi fçapla commen des atrio.

XV.

Car on Seudar qu'aperfu tou fouficé,
Cor vitament bouta ba la couliffe,
Poi va cria qui ce faliay arma
D'alebarde, moufquét, & coutela,

B

XVI.

XVI.

Dan le Cloffi on va fona l'alarma,
En meme tan on crie, alarma, alarma
De to andrai de gen on vai fourti,
Qui criavon y faut vincre u mouri.

XVII.

Y l'alion vitamen su la Trellia,
Yon d'antre leu s'avefa d'un'adreffa.
Et fi ala queri de mentelet
Pé fan fervi comman de parapet.

XVIII.

Y roulavon d'ouna tala fouria,
Mais pé bonneur yétivon enroulia.
Y fafivon encora mai de bruy
Qu'on Bovairon aprai fin cent Thuairi.

XIX.

Lou Savoyard vitou priron la foüita
Quan y viron ranvarfa la marmita
Yo y l'avion mêt coire a dinna
Pé to feleu qui l'avion amêna.

XX.

Pé cé moyan on pri le Cour de Garda
Yo l'Ennemi fafive bouna garda,
Y la falu ceda é Genevoy
U deshonneur de tota la Savoy.

XXI.

On s'affambla ari fu la Tartaze
Yo l'Ennemi criave de grand raze,
Vive Efpagne, vive Savoy,
Yet orendray qu'on tin lou Genevoy.

XXII.

XXII.

Lou Genevoy qu'avion grand courafou,
Firon bin vi qui l'étivon dé Bravou,
De fe batre queman dé Gen arma
Dai le menton quenque â leur fola.

XXIII.

On entendai le Pére Alexandre
Que defive, y ne vo faut ren crandre,
Ca, mous Enfan, dépafi de monta,
En Paradi ze vo farai ala.

XXIV.

Son Alteffa en granda diligence
Ouna Lettra manda u Ray de France,
Que Geneva é l'avive furprai,
Que ce la nay y ly faré fon liay.

XXV

Vantre-fengri, fe dit le Ray de France,
Que Geneva é loffe volu prandre,
E fe fara on pou troi azarda ;
E ne pora pa guere la garda.

XXVI.

En meme tan ouna Lettra arive,
Que le penfa fare peffi de rire,
Que dezive lou Savoyar fon pray,
Lou Genevoy lou pendon aurandray,

XXVII.

Mais vaiffia bin de lé zatre novelle,
Quand le Canon u rontu leu s'échelle.
Yet iqué yo y furon donta ;
Y ne povion defendre ne monta.

B. 2   XXVIII.

XXVIII.

Yét iqué yo y luron la reveria
Dé Genevoy écharfant leur efpia,
Que perfive lé ren & lou regnon,
Qué copave lou brai & lou manton.

XXIX.

On Savoyar upret de la Mounia
Y fu tua d'on grand cou de Marmita
Qu'ona fenna luy arofea defu,
Y tomba mor fray & rai étendu.

XXX.

Treiz'on en pray qu'étion to en via,
Y defivon qui s'étivon cafia
To en coudan qu'en payan leu ranfon,
Y s'annirion defant ouna Chanfon.

XXXI.

Mais le Confel en granda diligenze
Fit leu Procet, prononfa leu Sentence,
Qui farion to pendu & étrangla
Deffu l'Oyé, celi bio Bellua.

XXXII.

Vaifia veni Meffieu de la Justice,
E le Sendec que commanfa à dire,
Labravada, va cria Tabafan :
Voy fan falli, Monfieu, zy vay corant.

XXXIII.

Te ne fa pa y a bin de la béfogne,
Y fon treze qu'on to preu bouna trogne,
Y lou fau to pendre & étrangla,
Dépafe don que ze m'en vu ala.

XXXIV.

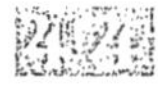

XXXIV.

Y fau bouta de l'ourdre é potenſe,
Et poi avay de courde à ſuſiſance
Et lou gleta & lou bin garrota,
Qui ne poiſſion ne veri ne torna

XXXV.

En atandant y demendavon grace,
Qu'avoy d'argen y l'enplérion lé fate :
On leu balia la grace de Terni,
Sarion pendu oun'eura aprés midi.

XXXVI.

Y deſivon de no ayi pedia,
No vo prien de no ſova la via :
Yétive Sona & Chaffardon,
Y ne puron zen avay de pardon.

XXXVII.

Vos ete entra & venu quan de Traitre,
Dé Genevoy volia être lou Maitre,
Vo lou volia pendre & accoully
Dan le Rounou pé lou fare moury.

XXXVIII.

Vo volia forſi fenna & felie
Et leu prendre leu tan belle rupellie,
Poy en aprés vo lé aria tua :
Lou Meniſtrou vo aria brula.

XXXIX.

Lou Meniſtrou qu'étivon lou pé joanno,
Vo lou zaria to aſſambla enſamblo,
Dedian Roma vo lou zaria brula
Pé lou montra à ſa Satanità.

B 3

XL.

XL.

Pé lou Seigneu vo aria fait la faita,
Vo lou zaria à to copa la taita,
Et faria entra dan leu maifon,
De leu bon vin vo zaria fait raifon.

XLI.

Vo y zura pé devan fon'Alteffa,
Que vo n'aria pedia ne tendreffa,
Que vo volia tua gran & pety :
En no don tour de vo fare mouri.

XLII.

On vo bara de courde apreftaye,
Y fon deja tordue & bin felaye,
U bin petou la falada u Gafcon,
La corda u cou pé deffo le manton.

XLIII.

Tabafan vin en gran manififance,
En leu fafan ouna gran reverance,
E tenive le chapé à la man :
Que venia vo fare icé, lou galant ?

XLIV.

No venion pé fare fcanta Meffa
A San Pierro & pé tota la Vella,
A San Zervay, à San Zarman ;
Voy fan falli, Monfieu le Tabafan.

XLV.

Paffa devan, je vo la baray bella,
Quan vo fari u fonzon de l'échella,
U bin petou y fara lou Corbay,
Ne vay de vo pa qui voz, atandon lay.

XLVI.

XLVI.

Y y en na ona terribla tropa,
Vo diria qui fon areva ora,
En vo mezan y fçanteron crocro,
Vo fvanti bin dé Rave u Barbo.

XLVII.

Que dera-tay voutron Du de Savoye ;
Y meudera le Beluar de l'Oye,
Ze craye qui moura de regret
De vo vi to pendu à on gibet.

XLVIII.

Vo devria avai de la vergogne,
De me vegni baili tant de befogne,
Hor ze m'en vay vo déveti to nu,
E vo faray à to montra le cu.

XLVIX.

Y en avay yon qu'avai la Barba roffa,
Que fi rire quafi tota la tropa,
E defive qui ne volive pa,
Que ment Valet étre tan hau monta.

L.

Mais Tabafan que perdai patiança,
Sauta deffu & poi apray l'étrangla.
Morta la ferpent mor en ét le venin,
Y ne faron jamay plu ma né bin.

LI.

On leu trova dé Beliets dan leu faté
Qui l'avion pray, pé qu'on lou fçarmafé,
Mais le fçarmou n'étive pas preu for
Pé lou povay enpaffi de la mor.

B 4

LII.

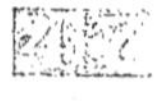

LII.

Y l'avion veu cori dé livre blance,
De petite affe bin que de grande,
Que ne fafivon que torna & veri.
Que fi manca le cœur à d'Albigni.

LIII.

Y priron bin ouna tala épovanta
Que Jeuneffe avoi tota la banda,
Vatevile & le Chevalier Dandelot,
Y louyron quan y fçuron le tot.

LIV.

Son Alteffa affe bin fcut fouire,
E coudave qu'apré luy on corive.
Don étivé queman defefpera,
Ne fachan plé de quin couté ala.

LV.

La defay té la pouvra matenaie,
Ma Nobleffe fara defhonoraie,
D'étré paffa pé la man de Courtio,
Encora pi pe fela du Borio.

LVI.

Que dera tay, ce Gran Ray de France?
Que dera tay ce ly Prince d'Orange?
Que deron tay arité lou Anglois?
Y le riron du gran Du de Savoy.

LVII.

Ze fay furpray d'onna granda trifteffe,
Davay perdu la Fleur de ma Nobleffe,
Le Cœur me fau, veni me fecory,
Aporta me on pou de Rofoly.

FIN.

ACHEVÉ D'IMPRIMER

le trente et un Juillet de l'an mil neuf cent trois

SUR LES PRESSES

DE

FRANÇOIS DUCLOZ

IMPRIMEUR-ÉDITEUR

A

MOUTIERS-TARENTAISE

(SAVOIE)

PREN COEVR TOVSIOVRS PLVS FORT